Ernst Probst

Vivien Leigh - Der Weltstar aus "Vom Winde verweht"

GRIN - Verlag für akademische Texte

Der GRIN Verlag mit Sitz in München hat sich seit der Gründung im Jahr 1998 auf die
Veröffentlichung akademischer Texte spezialisiert.

Die Verlagswebseite www.grin.com ist für Studenten, Hochschullehrer und andere Akade-
miker die ideale Plattform, ihre Fachtexte, Studienarbeiten, Abschlussarbeiten oder Disser-
tationen einem breiten Publikum zu präsentieren.

Ernst Probst

Vivien Leigh - Der Weltstar aus "Vom Winde verweht"

GRIN Verlag

Bibliografische Information der Deutschen Nationalbibliothek: Die Deutsche Bibliothek
verzeichnet diese Publikation in der Deutschen Nationalbibliografie; detaillierte bibliografische Daten sind im Internet über http://dnb.d-nb.de/ abrufbar.

1. Auflage 2012
Copyright © 2012 GRIN Verlag GmbH
http://www.grin.com
Druck und Bindung: Books on Demand GmbH, Norderstedt Germany
ISBN 978-3-656-16251-3

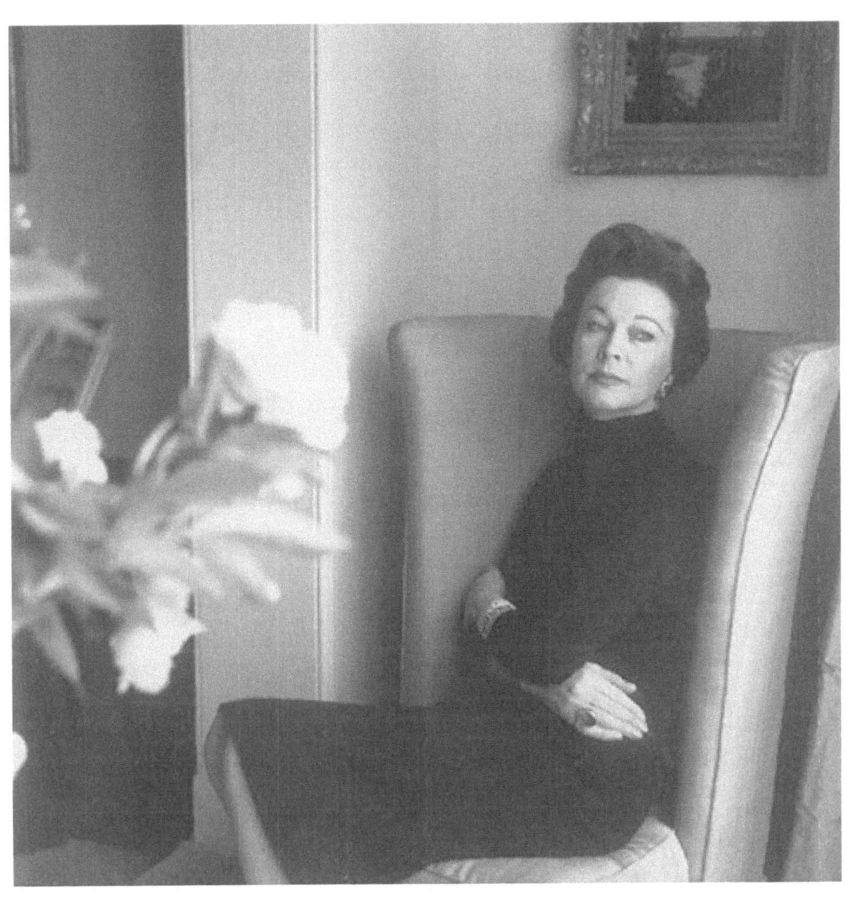

Vivien Leigh (1913–1967)

Ernst Probst

Vivien Leigh

Der Weltstar
aus „Vom Winde verweht"

Vivien Leigh

Der Weltstar aus „Vom Winde verweht"

Die berühmteste Filmrolle der 1930-er Jahre, die der Scarlett O'Hara in „Vom Winde verweht", wurde von Vivien Leigh (1913–1967), geborene Vivian Mary Hartley, gespielt. In dem Streifen geht es um die Schicksale reicher Plantagenbesitzer vor dem dramatischen Hintergrund von rauschenden Bällen, erbitterten Schlachten und dem Zusammenbruch des amerikanischen Südens. Im Mittelpunkt steht die Romanze zwischen der leidenschaftlichen Schönheit Scarlett O'Hara und dem schneidigen Rhett Butler, den Clark Gable (1901–1960) mimte.

Vivian Mary Hartley kam am 5. November 1913 als einziges Kind des britischen Börsenmaklers Ernest Richard Hartley in Darjeeling (Indien) zur Welt. Ihre Eltern hatten 1911 geheiratet. Ihr Vater stammte aus Schottland, ihre sehr religiöse römisch-katholische Mutter Gertrude Mary Frances, geborene Yackjee, aus Irland. Vivian verbrachte die ersten Jahre ihrer Kindheit in Indien. Ab 1917 arbeitete ihr Vater in Bangalore, sie und ihre Mutter blieben aber in Oactamund. Im Alter von drei Jahren trat Vivian mit dem englischen Kinderlied „Little Bo Beep" erstmals in der Laientheatergruppe

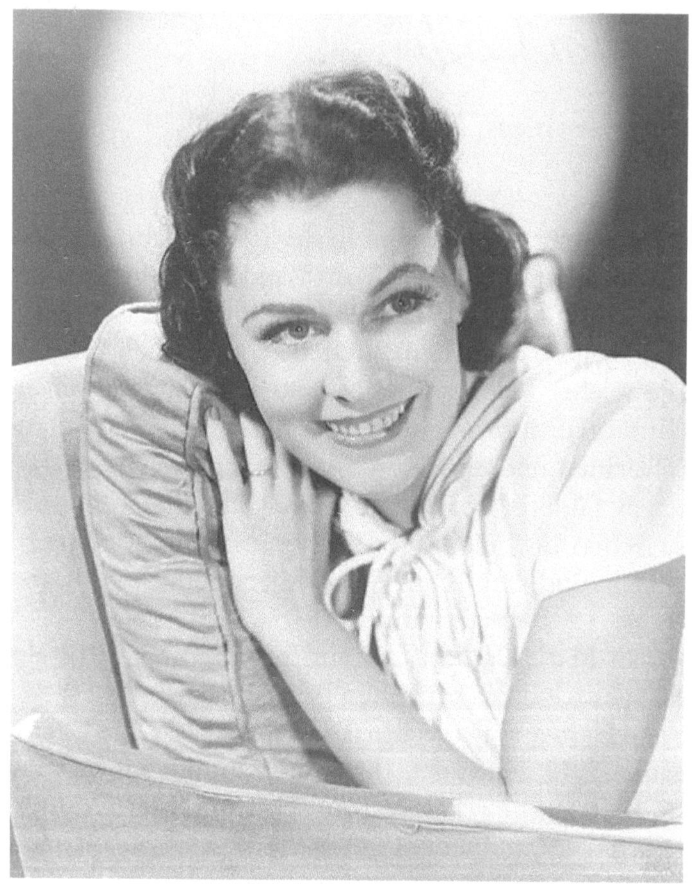

Maureen O'Sullivan (1911–1998)

ihrer Mutter auf. 1920 kehrten ihre Eltern aus Indien nach England zurück und steckten Vivian in ein Internat. Ab 1920 wurde Vivian in der katholischen Klosterschule des „Convent of the Sacred Heart" („Konvent zum Heiligen Herzen") in Roehampton bei London erzogen wurde. Eine ihrer Mitschülerinnen und Freundinnen war die zwei Jahre ältere Maureen O'Sullivan (1911–1998), die sich später als Schauspielerin einen Namen machte. Im Internat spielte Vivian in der Theatergruppe und Cello im Schulorchester. Außerdem erhielt sie Ballett- und Klavierstunden. 1921 stellte sie in einer Schulaufführung des „Sommernachtstraumes" von William Shakespeare (1564–1616) eine Fee dar. Ihre Eltern lasen gern und machten sie mit Werken von Rudyard Kipling (1865–1936), Hans Christian Andersen (1805–1875) und Lewis Carroll (1832–1898) vertraut. Von 1927 bis 1931 reiste Vivian mit ihren Eltern durch Europa. Dabei ging sie in Italien, Frankreich, Deutschland und Österreich zeitweise zur Schule. 1928 war sie einige Monate lang in einem Konvent in San Remo an der italienischen Riviera. Ihre schulische Ausbildung beendete sie in Frankreich und Bayern. Während ihres Aufenthalts in einem Mädchenpensionat in Auteuil bei Paris wurde Vivian Mary Hartley von einer Schauspielerin der „Comédie Française" unterrichtet. Danach besuchte sie ein Pensionat in München. Nachdem sie einen Film ihrer ehemaligen Mitschülerin Maureen O'Sullivan gesehen hatte, offenbarte Vivian ihren Eltern, sie wolle Schauspielerin werden. Daraufhin meldete ihr Vater sie bei der „Royal Academy of Dramatic Art" („RADA") in London an. Im Mai 1932 begann Vivian ihr Schauspielstudium an der „Royal Academy of Dramatic Art". Damals lernte die 18-Jährige den 13 Jahre älteren Rechtsanwalt Herbert Leigh Holman (1900–1982) kennen und lieben. Am 20. Dezember 1932 heirateten die Beiden und Vivian beendete ihr Studum an der „RADA". Aus der ersten Ehe ging am 12. Oktober 1933 die Tochter Suzanne hervor.

Das Hausfrauendasein behagte Vivian nicht lange. Als ihr Freundinnen rieten, eine kleine Rolle in dem Film „Things Are Looking Up" (1934) anzunehmen, folgte sie dieser Empfehlung. Unter ihrem Mädchennamen Vivian Hartley feierte die 1,61 Meter große und zierliche 20-Jährige in diesem Streifen ihr Debüt auf der Kinoleinwand. Dabei verkörperte sie ein Schulmädchen.

Der Agent John Gliddon, den sie engagierte, glaubte, Vivian Holman sei nicht der richtige Name für eine Schauspielerin. Statt des von ihm vorgeschlagenen Künstlernamens „April Morn" wählte sie das Pseudonym „Vivien Leigh".

Erstmals auf der Bühne stand Vivien Leigh in einem Londoner Vororttheater in „The Green Sash" (1935). Ebenfalls 1935 hatte sie in den Filmen „The Village Squire", „Gentleman's Agreement und „The Mask of Virtue" kleine Rollen. Ihr Ehemann war von ihrer

Schauspielerei nicht sonderlich begeistert. Er hoffte, sie würde davon abkommen und sich mehr ihrer Rolle als Ehefrau und Mutter widmen.

Der große Erfolg als Henriette in „The Mask of Virtue" („Die Maske der Tugend", 1935) im Londoner „St. James Theater" verhalf Vivien Leigh zu einem Fünfjahresvertrag über zehn Filme mit dem Filmproduzenten Alexander Korda (1893–1956). Für Korda übernahm Vivien unter anderem Rollen in dem historischen Abenteuerfilm „Fire Over England" („Feuer über England", 1937) und in dem Streifen „21 Days" (1940). Bei den Dreharbeiten für „Fire Over England" lernte Vivien Leigh 1936 den britischen Schauspieler und Regisseur Laurence Olivier (1907–1989) kennen und lieben. Für ihn hatte sie bereits geschwärmt, als sie ihn zum ersten Mal auf der Bühne sah. Vivien verließ ihren Ehemann Leigh Holman und Olivier seine Ehefrau Jil Esmond (1908–1990). Ab Juni 1938 zogen Leigh und Olivier in eine Wohnung in Chelsea. Die Tochter Suzanne von Vivien kam in die Obhut von deren Mutter.

Im Herbst 1938 ging Laurence Olivier nach Hollywood und Vivien Leigh begleitete ihn dorthin. In Hollywood wurde die damals in den USA noch unbekannte Vivien dem Produzenten David O. Selznick (1902–1965) vorgestellt, der von ihr begeistert war. Er wählte sie unter mehr als 1.400 Bewerberinnen – darunter Filmstars wie Bette Davis (1908–1989), Joan Crawford (1908–1977) und Katherine Hepburn (1907–2003) — für die Rolle

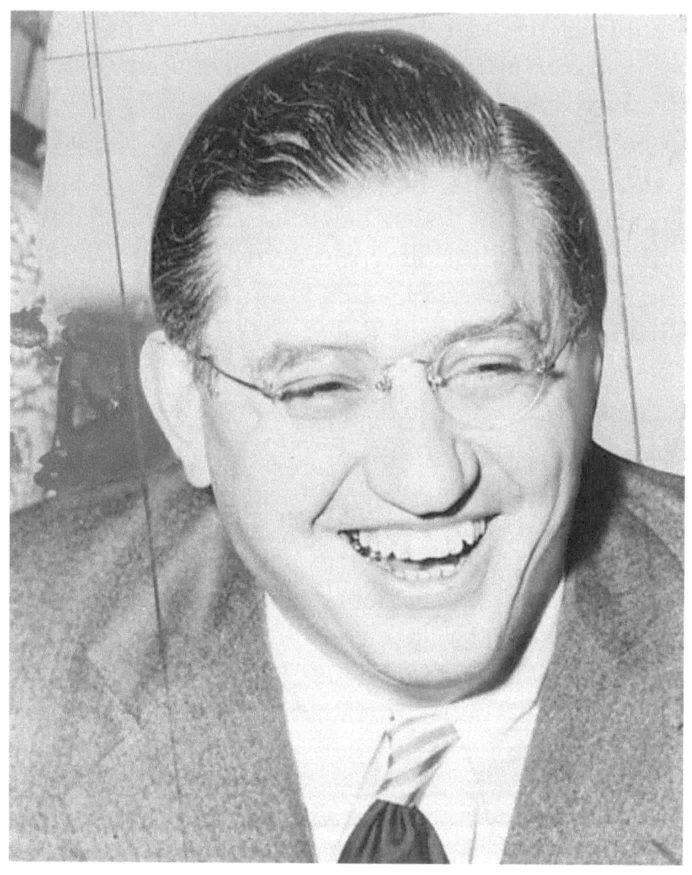

David O. Selznick (1902–1965)

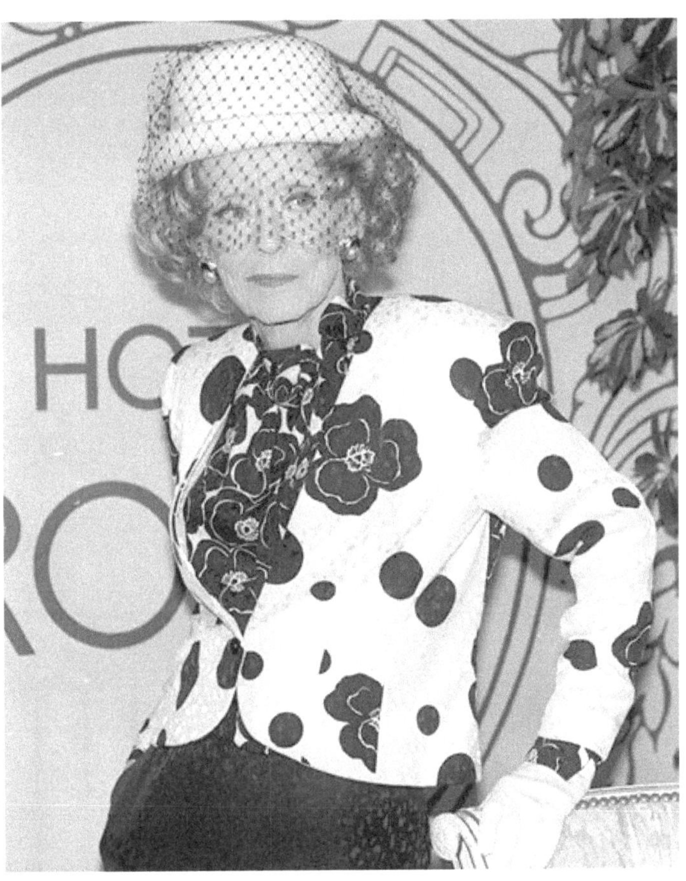

Bette Davis (1908–1989)

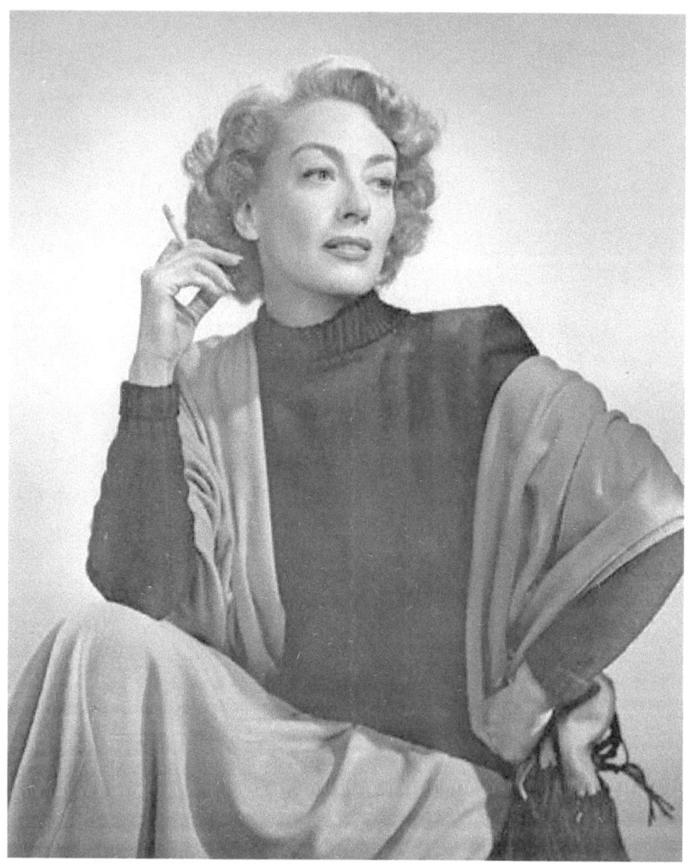

Joan Crawford (1908–1977)

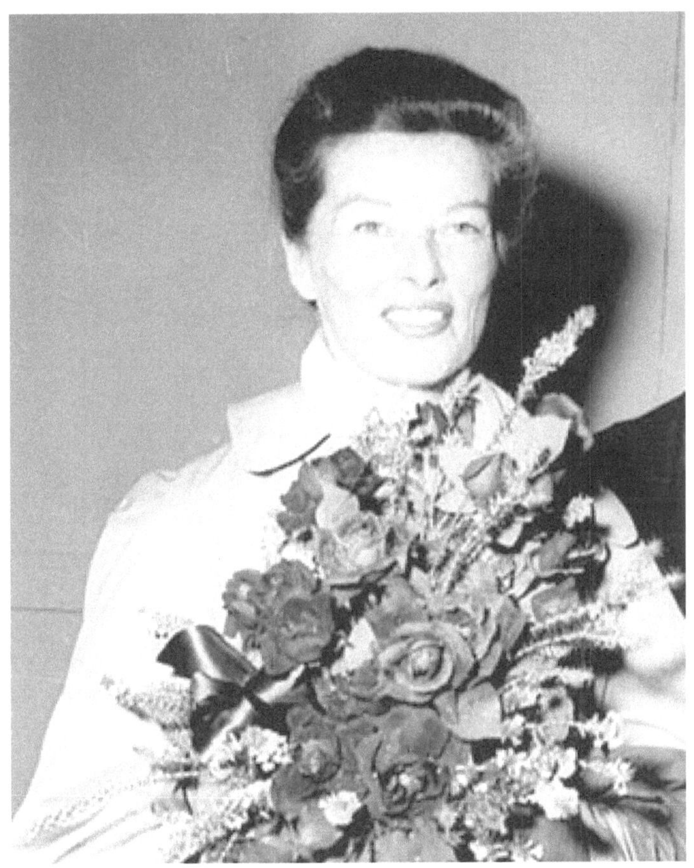

Katherine Hepburn (1907–2003)

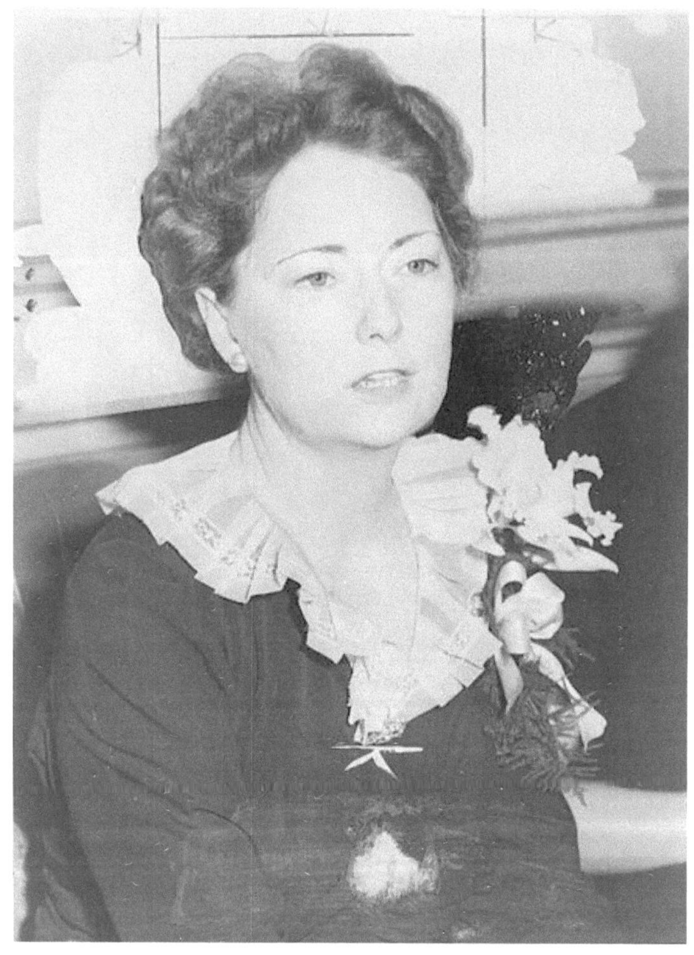

Margaret Mitchell (1900–1949)

ihres Lebens in dem Film „Gone With the Wind" („Vom Winde verweht", 1939) nach dem Roman der amerikanischen Schriftstellerin Margaret Mitchell (1900–1949) aus. Diesen Roman hatte Vivien bereits während der Dreharbeiten für einen anderen Streifen gelesen und war davon fasziniert gewesen.

Vivien nahm für „Vom Winde verweht" Sprechunterricht, um den Südstaatenakzent zu erlernen. Zudem verbesserte sie durch Gesangs- und Ballettstunden ihre Stimme und ihre Körperhaltung. Eine große Arbeitsbelastung für alle Mitwirkenden war, dass das Drehbuch für diese Großproduktion ständig umgeschrieben wurde. Während der Dreharbeiten sahen sich Leigh und Olivier nur selten. Im Sommer 1939 waren die Dreharbeiten abgeschlossen. Nach der Premiere des 220 Minuten langen Films in Atlanta (Georgia) war Vivien über Nacht ein internationaler Star. Sie hatte nun den Durchbruch auf der Kinoleinwand geschafft und Weltruhm erlangt. Kurz vor Weihnachten 1939 begannen bereits die Dreharbeiten für „Waterloo Bridge" („Ihr erster Mann", 1940). „Vom Winde verweht" erhielt insgesamt zehn „Oscars". Einen davon nahm Vivien als beste Schauspielerin am 29. Februar 1940 entgegen.

Die erste Ehe von Vivien Leigh mit Leigh Holman wurde im Januar 1940 geschieden. Am 31. August 1940 feierte Vivien mit Laurence Olivier in Santa Barbara (Kalifornien) eine glamouröse Hochzeit. Als Trauzeugin fungierte die amerikanische Filmschauspielerin Katherine Hepburn. Nach der Hochzeit unternahm das Paar eine Theatertournee durch die USA und spielte in der Tragödie „Romeo und Julia" von William Shakespeare. In dem Film „That Hamilton Woman" („Lord Nelsons letzte Liebe", 1941) unter der Regie von Alexander Korda (1893–1956) stellten Vivien Leigh und Laurence Olivier das berühmte Liebespaar Lady Hamilton (1765–1815) und Horatio Nelson (1758–1805) dar.

Nach den Dreharbeiten für „Lord Nelsons letzte Liebe" reiste das Ehepaar nach London, wo Vivien bis 1943 in dem Theaterstück „The Doctor's Dilemma" auf der Bühne stand. Hinterher unternahm sie eine Tournee zu britischen Truppen.

Nach vierjähriger Pause erschien Vivien Leigh in dem Film „Caesar und Cleopatra" (1945) wieder auf der Kinoleinwand. Die männliche Hauptrolle als Caesar hatte der britische Schauspieler Claude Rains (1889–1967), die weibliche als Cleopatra oblag Vivien. Bei den Dreharbeiten stürzte sie schwer, hatte hysterische Anfälle und litt unter Depressionen. Nach Abschluss der Dreharbeiten ließ sie sich in einem Sanatorium behandeln und heilte dort die bei ihr festgestellte Tuberkulose aus. Danach stand Vivien Leigh wieder auf der Theaterbühne. Sie spielte 1945 und 1946 fast zwei Jahre lang die Hauptrolle in dem Stück „The Skin of Our Teeeth". Dabei erkrankte sie immer wieder und musste Pausen einlegen.

1947 begannen die Dreharbeiten für den Film „Anna Karenina", der 1948 in die Kinos kam. In diesem Streifen spielte Vivien Leigh die Hauptrolle der Anna Karenina, die sie sehr liebte, mit Ralph Richardson (1902–1983) als Partner. Damals war sie schwer depressiv und befand sich in psychiatrischer Behandlung.

1948 und 1949 stand Vivien Leigh zusammen mit ihrem Gatten Laurence Olivier auf der Bühne. Das Paar unternahm auch eine Welttournee, die bis nach Australien führte. Im Londoner „Old-Vic-Theatre" bewies Vivien 1949 in „Antigone" von Jean Anouilh (1910–1987) und in „Endstation Sehnsucht" von Tennessee Williams (1911–1983) dass sie eine der bedeutendsten Schauspielerinnen ihrer Zeit war. Zwei Jahre später spielte sie neben Marlon Brando (1924–2004) in dem Film „A Streetcar Named Desire" („Endstation Sehnsucht", 1951) die Hauptrolle als Blanche. Der Regisseur Elia Kazan (1909–1990) betrachtete Vivien Leigh als zielstrebige Handwerkerin, aber für weniger begabt als Jessica Tandy (1909–1994). Doch die Produzenten wollten Leigh, weil diese als größerer Filmstar galt und sie sich von ihr einen besseren finanziellen Erfolg erhofften. 1952 erhielt Vivien für ihre Rolle in diesem Streifen ihren zweiten „Oscar" als beste Schauspielerin.

Auch in den 1950-er Jahren war Vivien Leigh oft krank und erlitt immer wieder Nervenzusammenbrüche. Auf Drängen ihres Ehemannes unterzog sie sich einer

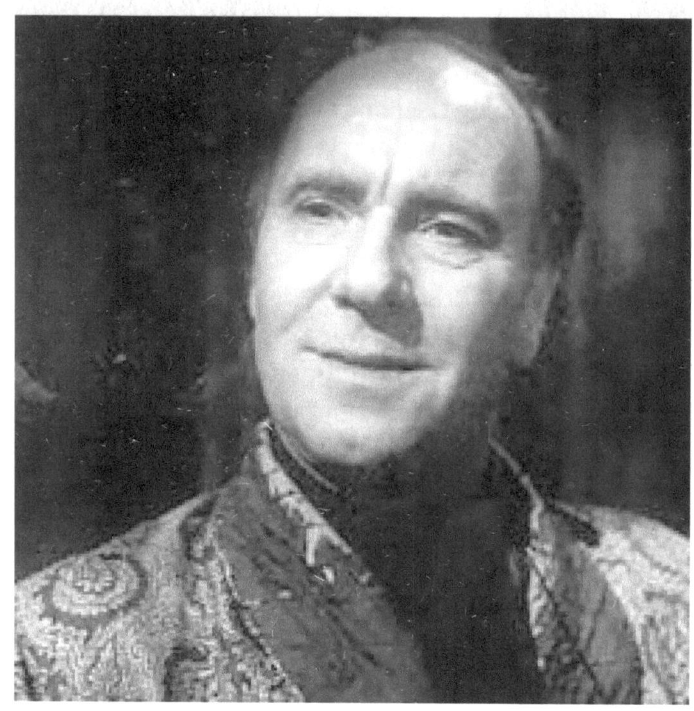

Ralph Richardson (1902–1983)

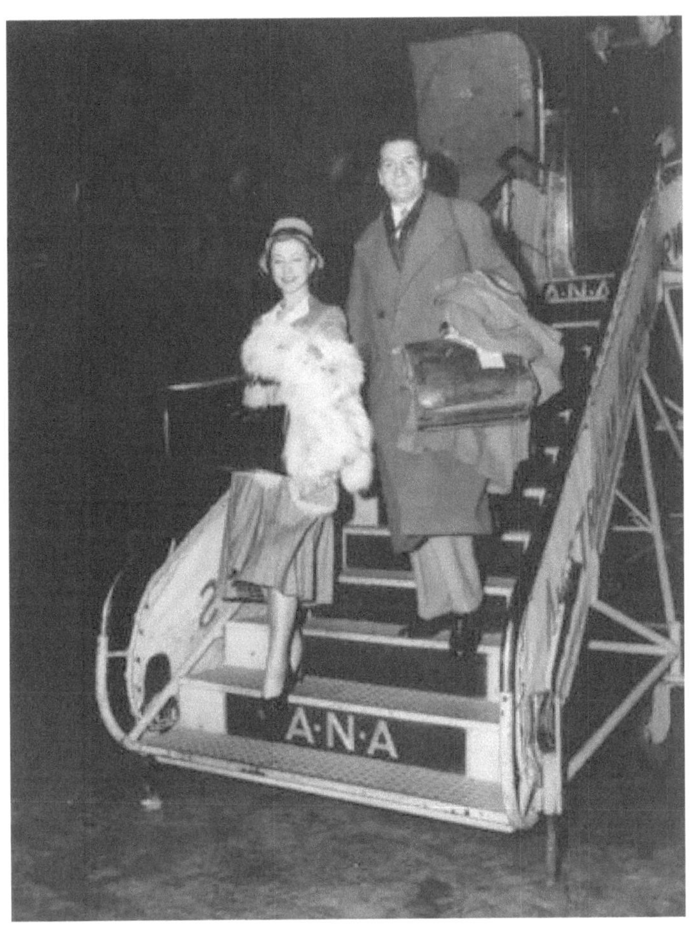

*Lady Olivier (Vivien Leigh) und Laurence Olivier
auf dem Flughafen „Archerfield Aerodrom" in Brisbane
(Australien) am 20. Juni 1948*

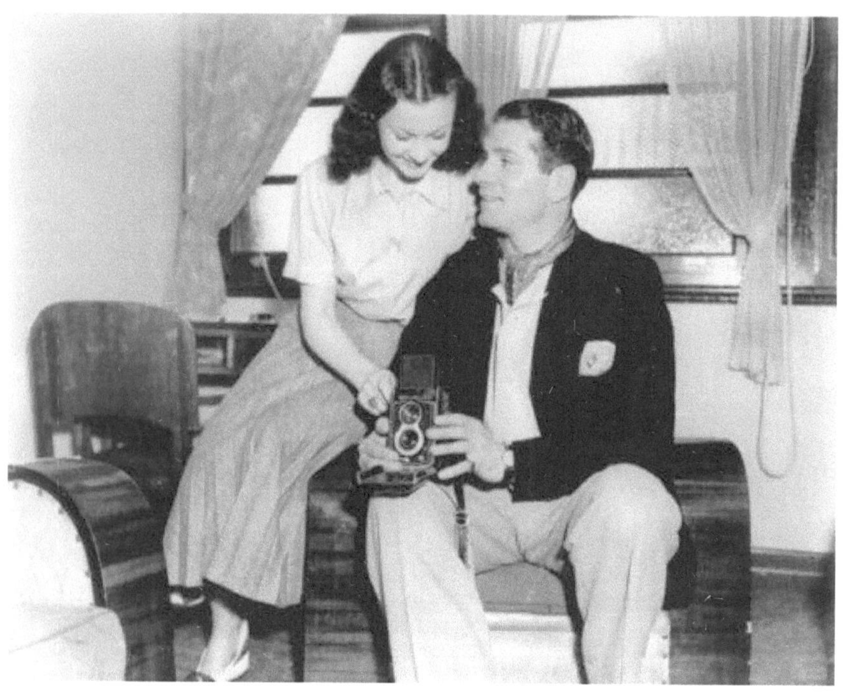

*Lady Olivier (Vivien Leigh) und Laurence Olivier
bei einem Kurzurlaub an der „Gold Coast"
im Juni 1948 während ihrer Tournee
mit der „Old Vic Company in Australien*

psychiatischen Behandlung (Elektrokrampftherapie). Wegen ihrer schlechten Gesundheit musste sie mehrfach Dreharbeiten abbrechen. Zeitweise hatte sie schwere Gedächtnisprobleme und konnte nicht regelmäßig im Theater auftreten.

Ungeachtet dessen glückte Vivien Leigh im Frühjahr 1951 das Experiment, an zwei aufeinanderfolgenden Abenden zusammen mit ihrem Mann Laurence Olivier die Kleopatra auf der Theaterbühne gleich zweimal zu spielen: einmal von William Shakespeare, einmal von George Bernard Shaw (1856–1950). Ende 1951 erklärte man Vivien Leigh in Venedig zur besten Filmschauspielerin des Jahres.

Bei strapaziösen Außenaufnahmen in Indien für den Film „Elephant Walk" („Elefantenpfad", 1953) erlitt Vivien Leigh einen völligen Nervenzusammenbruch. Danach glaubte man, sie würde nie mehr spielen können, doch sie erholte sich und zeigte sich im September 1953 auf einer Gesellschaft erstmals wieder in der Öffentlichkeit.

Überrascht erfuhr Vivien Leigh 1956 im Alter von 42 Jahren, dass sie wieder schwanger war. Doch sie verlor das Kind, was erneut eine Depression auslöste. Wiederholt unterzog sie sich einer Elektrokrampftheraie, die aber schwere Migräneattacken bewirkte und ihren Zustand nicht besserte. Die Beziehung zwischen Leigh und Olivier litt zunehmend unter ständigen Depressionen von Vivien und deren Alkoholmissbrauch. Hinzu kam, dass Olivier etliche Affären hatte. Zwischen beiden kam es sogar zu körperlichen Auseinandersetzungen.

1957 begann die 43-jährige Vivien Leigh eine Affäre mit dem britischen Schauspieler Peter Finch (1916–1977). In jenem Jahr wurde ihr das „Ritterkreuz der Ehrenlegion" verliehen. 1959 stand Vivien wieder auf der Theaterbühne. Damals stand ihre Ehe mit Olivier nur noch auf dem Papier. Ebenfalls 1959 feierte sie in „Wir sind noch einmal davongekommen" ihr Debüt im Fernsehen.

Im Mai 1959 bat Vivien Leighs zweiter Ehemann Laurence Olivier sie um ihre Zustimmung zur Scheidung, weil er die 1929 geborene britische Schauspielerin Joan Plowright heiraten wollte. Die Scheidung erfolgte schließlich 1960. Ebenfalls 1960 trat Vivien Leigh eine Gastspielreise in die USA an.

Ab 1960 war der Bühnenschauspieler John Merivale (1917–1990) der Liebhaber von Vivien Leigh. Mit ihm zog sie zusammen.

1960/1961 litt Vivien Leigh immer stärker unter Depressionen. Sie unterzog sich mehreren Schockbehandlungen, trank viel, hatte aber immer noch Erfolge auf der Theaterbühne. 1961 ging sie auf eine Australien- und Neuseeland-Tournee und 1962 unternahm sie eine Südamerikatournee.

Nach längerer Drehpause sah man Vivien Leigh in dem Film „The Roman Spring of Mrs. Stone" („Der römische Frühling der Mrs. Stone", 1961) nach dem Roman von

Tennessee Williams (1911–1983) wieder auf der Kinoleinwand. Für diesen Streifen erntete sie gute Kritiken, was sie ermutigte, wieder im Theater aufzutreten.

1962 erbte Vivien Leigh von dem Neuseeländer Ernst Davis, den sie während ihrer Neuseeland-Tournee kennen gelernt hatte, nach dessen Tod umgerechnet eine Million Mark.

1963 wirkte Vivien Leigh erstmals in einem Musical mit: Sie spielte auf dem New Yorker Broadway die Großfürstin Tatjana in dem Musical „Towaritsch". Dafür erhielt sie den „Tony-Award" als beste in einem Musical auftretende Schauspielerin. Die Auftritte im Musical waren so anstrengend, dass sie einen Burnout erlitt und erneut eine psychiatrische Klinik aufsuchen musste. Fortan wurde sie von einer Krankenschwester betreut und begleitet.

1964 fühlte sich Vivien Leigh wieder so gut erholt, dass sie nach Hollywood zu den Dreharbeiten für den Film „Ship of Fools" („Das Narrenschiff", 1965) unter der Regie von Stanley Kramer (1913–2001) reiste. Auch diese Dreharbeiten mussten mehrfach ihretwegen unterbrochen werden, weil sich Vivien aus gesundheitlichen Gründen eneut Schockbehandlungen unterzog. Zudem baute die 52-Jährige körperlich zunehmend ab und konnte nur mit Mühe ihre Tanz-Szenen drehen. „Ship of Fools" erzählt die Geschichten verschiedener Passagiere eines Linienschiffes in den 1930-er Jahren.

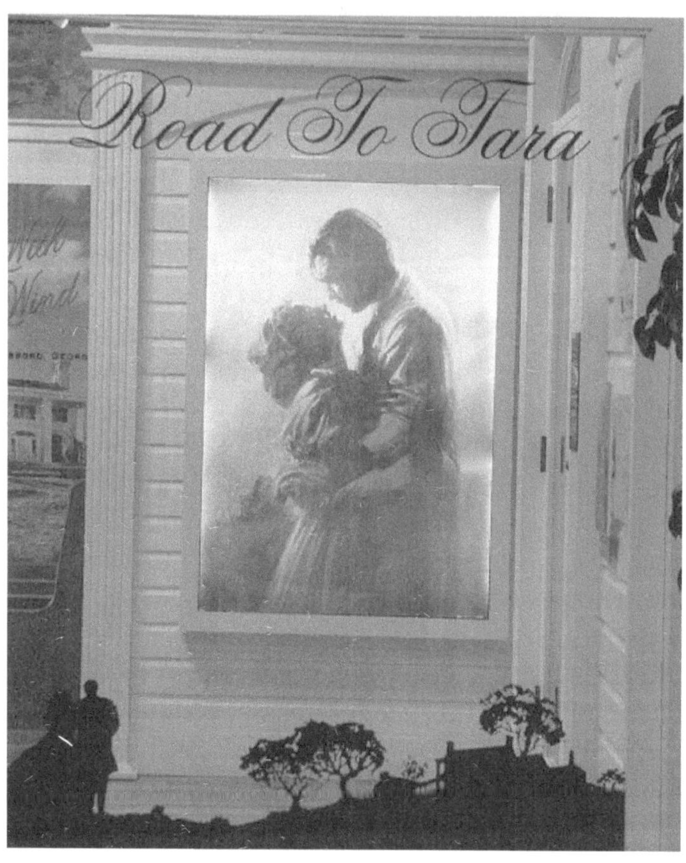

„Gone with the Wind-Museum"
in Jonesboro (Georgia) in den USA

Mitwirkende waren außer Vivien Leigh mit ihrem letzten kleinen Auftritt auch José Ferrer (1912–1992), Lee Marvin (1924–1987), Oskar Werner (1922–1984), Michael Dunn (1934–1973), Simone Signoret (1921–1985), Elizabeth Ashley, George Segal, José Greco (1918–2000) und Heinz Rühmann (1902–1994). Das Drehbuch des Films stammte von Abby Mann (1923–2008), der den gleichnamigen Roman der amerikanischen Schriftstellerin Anne Porter (1890–1980) als Vorlage genommen hatte.

1965 ging Vivien Leigh mit dem Theaterstück „Ivanov" von Anton P. Tschechow (1860–1904) in England und in den USA auf Tournee. Anschließend suchte sie erschöpft mehrere Sanatorien in Frankreich und Griechenland auf.

Im Mai 1967 erkrankte die 53-jährige Vivien Leigh wieder schwer. Am 7. Juli 1967 fand ihr damaliger Lebensgefährte John Merivale sie in ihrer Londoner Wohnung tot auf dem Boden ihres Schlafzimmers liegend. Als Todesursache gilt ihre offenbar nie richtig ausgeheilte Tuberkulose. Nach Bekanntwerden der Todesnachricht löschten die Theater des Londoner Westends spontan eine Stunde lang ihre Fassadenlichter, während die Aufführungen weiterliefen. Die Asche von Vivien Leigh wurde auf dem Teich ihres letzten Wohnsitzes, Tickerage Mill, nahe Blackboys in Sussex verstreut.

Filme von Vivien Leigh

(Auswahl)

1934: Things Are Looking Up (nicht im Abspann erwähnt)
1935: Gentlemen's Agreement
1935: The Village Squire
1935: Lool Up and Laugh
1935: The Mask of Virtue (Die Maske der Tugend)
1937: Feuer über England (Fire Over England)
1937: Dunkle Geschäfte (Dark Journey)
1937: Sturm im Wasserglas (Storm in a Teacup)
1938: Der Lausbub aus Amerika (A Yank at Oxford)
1938: Sidewalks of London
1938: St. Martin's Lane
1939: Vom Winde verweht (Gone With the Wind)
1940: 21 Days
1940: Ihr erster Mann (Waterloo Bridge)
1941: Lord Nelsons letzte Liebe (That Hamilton Woman)
1945: Caesar und Cleopatra
1948: Anna Karenina
1951: Endstation Sehnsucht (A Streetcar Namend Desire)
1955: Lockende Tiefe (The Deep Blue Sea)

1961: Der römische Frühling der Mrs. Stone (The
Roman Spring of Mrs. Stone)
1965: Das Narrenschiff (Ship of Fools)

Quelle: Wikipedia und Internet Movie Database

Literatur

FEMBIO Frauen-Biographie-Forschung
http://www.fembio.org
FRANKFURTER ALLGEMEINE ZEITUNG: Eine
Heldin – zart und tragisch. Zum Tode von Vivien Leigh,
10. Juli 1967, Frankfurt am Main
HEINZLMEIER, Adolf: Vivien Leigh. Die Lady. Aus:
HEINZLMEIER, Adolf / SCHULZ, Bernd / WIT-
TE, Karsten: Die Unsterblichen des Kinos, Band 2,
Glanz und Mythos der Stars der 40er und 50er Jahre, S.
71–76, Frankfurt am Main 1980
INTERNET MOVIE DATABASE
(Film-Datenbank)
http://www.imdb.com
PROBST, Ernst: Superfrauen 7 – Film und Theater,
Mainz-Kostheim 2001
PUBLIKUMSLIEBLINGE NICHT NUR VON
GESTERN http://www.steffi-line.de
Internetseite von Stephanie D'heil, Düsseldorf
WIKIPEDIA (Online-Lexikon) http://wikipedia.org
WINNERT, Derek (Herausgeber): Vivien Leigh. Aus:
Kino. Die große Welt der Filme und Stars, S. 118, Nie-
dernhausen 1995

Bildquellen

Allposters http://www.allposters.es
Lizenz Freie Kunst http://artlibre.org/licence/lal/de:
8 (via Wikimedia Commons)

Klaus Benz, Fotograf, Mainz-Laubenheim: 36

Embassy Pictures International (Foto aus dem Trailer
„Long Day's Journey Into Night" von 1962): 20 (via
Wikimedia Commons), Lizenz: gemeinfrei

State Library of New South Wales, Australian Photo-
graphic Agency (APA) Collection (Foto von 1955 bei
der Ankunft von Katharine Hepburn auf dem
Kingsford Smith Aiport, Sydney): 15

Library and Archives Canada
(Foto von 1958): 1
(Foto von Yousuf Karsh (1908–2002) von 1948): 14

Library of Congress, Prints and Photographs Division,
New York World-Telegram & Sun Collection,
Washington
(Foto von 1940): 12
(Foto von Al Aumuller von 1941): 16

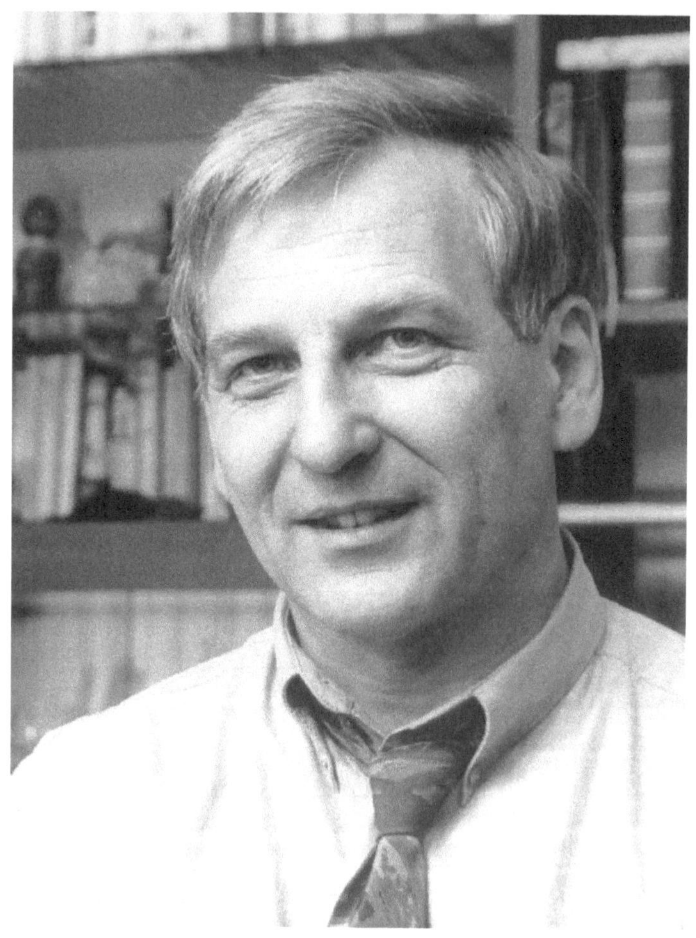

Autor Ernst Probst

Der Autor Ernst Probst

Ernst Probst, geboren am 20. Januar 1946 in Neunburg vorm Wald im bayerischen Regierungsbezirk Oberpfalz, ist Journalist und Wissenschaftsautor. Er arbeitete von 1968 bis 1971 als Redakteur bei den „Nürnberger Nachrichten", von 1971 bis 1973 in der Zentralredaktion des „Ring Nordbayerischer Tageszeitungen" in Bayreuth und von 1973 bis 2001 bei der „Allgemeinen Zeitung", Mainz. In seiner Freizeit schrieb er Artikel für die „Frankfurter Allgemeine Zeitung", „Süddeutsche Zeitung", „Die Welt", „Frankfurter Rundschau", „Neue Zürcher Zeitung", „Tages-Anzeiger", Zürich, „Salzburger Nachrichten", „Die Zeit", „Rheinischer Merkur", „Deutsches Allgemeines Sonntagsblatt", „bild der wissenschaft", „kosmos", „Deutsche Presse-Agentur" (dpa), „Associated Press" (AP) und den „Deutschen Forschungsdienst" (df). Aus seiner Feder stammen die Bücher „Deutschland in der Urzeit" (1986), „Deutschland in der Steinzeit" (1991) und „Deutschland in der Bronzezeit" (1996). Von 2001 bis 2006 betätigte sich Ernst Probst als Buchverleger sowie zeitweise als internationaler Fossilienhändler und Antiquitätenhändler. Insgesamt veröffentlichte er rund 200 Bücher, Taschenbücher, Broschüren und E-Books.

Bücher von Ernst Probst

(Auswahl)

Als Mainz noch nicht am Rhein lag

Annie Oakley
Die Meisterschützin des Wilden Westens

Archaeopteryx. Der Urvogel
aus Bayern

Christl-Marie Schultes. Die erste Fliegerin in Bayern
(zusammen mit Theo Lederer)

Cortés und Malinche. Der spanische Eroberer
und seine indianische Geliebte

Der Europäische Jaguar

Der Mosbacher Löwe
Die riesige Raubkatze aus Wiesbaden

Der Rhein-Elefant
Das Schreckenstier von Eppelsheim

Die Dolchzahnkatze Megantereon

Die Dolchzahnkatze Smilodon

Die Säbelzahnkatze Homotherium

Die Säbelzahnkatze Machairodus

Die Schweiz in der Frühbronzezeit

Die Rhône-Kultur in der Westschweiz

Die Arbon-Kultur in der Schweiz

Die Schweiz in der Mittelbronzezeit

Die Schweiz in der Spätbronzezeit

Dinosaurier von A bis K. Von Abelisaurus
bis zu Kritosaurus

Dinosaurier von L bis Z. Von Labocania
bis zu Zupaysaurus

Eiszeitliche Geparde in Deutschland

Eiszeitliche Leoparden in Deutschland

Frauen im Weltall

Hildegard von Bingen. Die deutsche Prophetin

Höhlenlöwen. Raubkatzen
im Eiszeitalter

Julchen Blasius
Die Räuberbraut des Schinderhannes

Katharina II. die Große.
Die Deutsche auf dem Zarenthron

Johann Jakob Kaup
Der große Naturforscher aus Darmstadt

Königinnen der Lüfte in Deutschland

Königinnen der Lüfte in Europa

Königinnen der Lüfte in Amerika

Königinnen der Lüfte von A bis Z

Rund 70 Kurzbiografien berühmter Fliegerinnen, Ballonfahrerinnen, Luftschifferinnen, Fallschirmspringerinnen, Astronautinnen und Kosmonautinnen

Königinnen des Films

Königinnen des Tanzes

Königinnen des Theaters

Malende Superfrauen

Meine Worte sind wie die Sterne

Die Entstehung der Rede des Häuptlings Seattle (zusammen mit **Sonja Probst**)

Monstern auf der Spur
Wie die Sagen über Drachen, Riesen
und Einhörner entstanden

Neues vom Ur-Rhein
Interview mit dem Geologen und Paläontologen
Dr. Jens Sommer

Österreich in der Frühbronzezeit

Österreich in der Mittelbronzezeit

Österreich in der Spätbronzezeit

Pompadour und Dubarry. Die Mätressen
von Louis XV.

Raub-Dinosaurier von A bis Z.
Mit Zeichnungen von Dmitry Bogdanav
und Nobu Tamura

Rekorde der Urmenschen
Erfindungen, Kunst und Religion

Rekorde der Urzeit
Landschaften, Pflanzen und Tiere

Säbelzahnkatzen. Von Machairodus
bis zu Smilodon

Säbelzahntiger am Ur-Rhein. Machairodus
und Paramachairodus

Superfrauen aus dem Wilden Westen

Superfrauen 1 – Geschichte

Superfrauen 2 – Religion

Superfrauen 3 – Politik

Superfrauen 4 – Wirtschaft und Verkehr

Superfrauen 5 – Wissenschaft

Superfrauen 6 – Medizin

Superfrauen 7 – Film und Theater

Superfrauen 8 – Literatur

Superfrauen 9 – Malerei und Fotografie

Superfrauen 10 – Musik und Tanz

Superfrauen 11 – Feminismus und Familie

Superfrauen 12 – Sport

Superfrauen 13 – Mode und Kosmetik

Superfrauen 14 – Medien und Astrologie

Tony und Bruno Werntgen. Zwei Leben für die Luftfahrt
(zusammen mit Paul Wirtz)

Was ist ein Menhir?
Interview mit dem Mainzer Archäologen
Dr. Detert Zylmann

Weisheiten der Indianer

Wer ist der kleinste Dinosaurier?
Interviews mit dem Wissenschaftsautor Ernst Probst

Wer war der Stammvater der Insekten?
Interview mit dem Stuttgarter Biologen
und Paläontologen Dr. Günther Bechly

Zenobia von Palmyra.
Eine Frau kämpft gegen die Römer

Bestellungen bei: http://www.grin.com